BEI GRIN MACHT SICI WISSEN BEZAHLT

Dietrich Bonhoefer. Planung einer Unterrichtsreihe inklusive einer Stundenplanung (Religion, Gymnasium Klasse 12)

Jan-Niklas Brüggemann

Bibliografische Information der Deutschen Nationalbibliothek:

Die Deutsche Nationalbibliothek verzeichnet diese Publikation in der
Deutschen Nationalbibliografie; detaillierte bibliografische Daten sind
im Internet über http://dnb.d-nb.de abrufbar.

ISBN: 9783346452436
Dieses Buch ist auch als E-Book erhältlich.

Druck und Bindung: Books on Demand GmbH, Norderstedt Germany
Gedruckt auf säurefreiem Papier aus verantwortungsvollen Quellen

Das vorliegende Werk wurde sorgfältig erarbeitet. Dennoch
übernehmen Autoren und Verlag für die Richtigkeit von Angaben,
Hinweisen, Links und Ratschlägen sowie eventuelle Druckfehler keine
Haftung.

Das Buch bei GRIN: https://www.grin.com/document/1038948

Westfälische Wilhelms-Universität Münster

Hauptseminar: „Große Gestalten der Kirchengeschichte - Vorbilder im Glauben? (unter Berücksichtigung fachdidaktischer Aspekte)"

Sommersemester 2018

Gemeinschaftsverwaltung der Katholisch-Theologischen Seminare

Unterrichtsreihenplanung zu Dietrich Bonhoeffer

Verfasser:

Jan-Niklas Brüggemann

BaBK.: Maschinenbautechnik / Katholische Religionslehre / Bildungswissenschaften

Semesterzahl: 6. Bachelorsemester

Abgabe: 09.07.2018

Inhaltsverzeichnis

1. Fachwissenschaftliche Grundlegung

1.1 Nötiges Fachwissen über Dietrich Bonhoeffer

1.1.1 Herkunft und Familie

„Dietrich Bonhoeffer war das sechste von acht Kindern. Er hatte vier Schwestern und drei Brüder und wurde mit seiner Zwillingsschwester am 4. Februar 1906 in Breslau geboren. Von seinem sechsten Lebensjahr an wuchs er in Berlin auf, wo dem Vater Karl Bonhoeffer der Lehrstuhl für Neurologie und Psychiatrie und die Leitung der Universitäts-Nervenklinik über-tragen worden war. Die Mutter, Paula Bonhoeffer, geb. von Hase, war eine überzeugte Christin, aufgewachsen als Tochter und Enkelin von Theologen, lebhaft, kontaktfreudig und fanta-sievoll. Über kleine Streiche ihrer Kinder konnte sie hinwegsehen, aber Rücksichtslosigkeit und Lieblosigkeit gegenüber anderen duldete sie nicht.

Paula Bonhoeffer hatte das Lehrerinnenexamen für höhere Mädchenschulen gemacht, was damals sehr ungewöhnlich war. Mädchen studierten nicht und sie hatte wegen ihres Wun-sches manche Auseinandersetzungen mit ihren Eltern. Bonhoeffers Mutter unterrichtete in den ersten Jahren ihre Kinder selbst, jeweils mit ein paar gleichaltrigen Freunden. Als ihr das bei acht Kindern zu viel wurde und sie eine Hauslehrerin zu Hilfe nehmen musste, behielt sie sich doch den Religionsunterricht selber vor.

Bonhoeffers Vater war zurückhaltend im Auftreten und sehr kritisch gegenüber jeder Art von Überheblichkeit. Einfachheit und Klarheit waren ihm oberstes Gebot. Dietrich Bonhoeffer hat später öfter betont, welch positive Wirkungen diese Eigenschaften der Eltern auf seine Erzie-hung und seinen Lebensweg hatten."[1]

1.1.2 Kindheit und Studium

„Die Geschwister Bonhoeffer erlebten eine harmonische und erfüllte Kindheit. Die Eltern ver-langten zwar Rücksichtnahme von ihren Kindern, gleichzeitig gaben sie ihnen jedoch viel Frei-heit.

Sie bemühten sich, jedes Kind nach seinen eigenen Interessen und Fähigkeiten zu fördern. Unter anderem erhielten alle Kinder Musikunterricht – Dietrich Bonhoeffer spielte ausgezeich-net Klavier. Auch an Büchern und Spielen fehlte es nicht. Die Mutter gab herrliche Kinderfeste,

---

Erzieherinnen bemühten sich um die Kinder, und darüber hinaus boten ihnen die zahlreichen Besucher im Hause Bonhoeffer viele interessante Begegnungen und Anregungen."[2]

„1923 bestand Dietrich Bonhoeffer mit 17 Jahren das Abitur und begann sein Theologiestudium in Tübingen, wo er zeitweise bei seiner Großmutter wohnte.

Im Sommer 1924 reiste Dietrich mit seinem Bruder Klaus nach Rom. Beide Brüder waren durch Lektüre, Schule und Elternhaus mit dieser Stadt und ihrer Geschichte schon vertraut und entsprechend erwartungsvoll. Sie wurden nicht enttäuscht.

Nach der Italienreise kehrte Dietrich Bonhoeffer nach Hause zurück und setzte in Berlin sein Studium fort. Er war aber nicht nur mit den Aufgaben an der Universität beschäftigt, sondern nahm teil an allem, was Berlin zu bieten hatte: Konzerte, Theater, Museen. Daneben gab es zu Hause ein reges Leben mit den vielen Geschwistern und deren Freundinnen und Freunden. Ausflüge wurden unternommen, Feste veranstaltet, oft auch Tanzfeste. Die Mutter hatte immer gute Einfälle dafür, und man konnte noch später von ehemaligen Teilnehmern an diesen Festen voller Begeisterung erzählen hören.

Im Winter 1927/28 legte Dietrich sein Erstes Theologisches Examen ab und reichte seine Doktorarbeit ein: *Sanctorum Communio*, die 1930 dann veröffentlicht wurde."[3]

1.1.3 Entwicklungen in Bonhoeffers Leben

„1931 kehrte Bonhoeffer nach Deutschland zurück in ein Land, das vor einem politischen Umsturz stand. Neben seiner Tätigkeit als Privatdozent an der Universität übernahm er das Studentenpfarramt an der Technischen Hochschule. In dieser Zeit begann auch seine ökumenische Arbeit. Er wurde zum Jugendsekretär des "Weltbundes für Freundschaftsarbeit der Kirchen gewählt.

Am meisten aber beschäftigte Bonhoeffer in dieser Zeit eine Konfirmandengruppe im Stadtteil Prenzlauer Berg. Mit dieser Konfirmandengruppe aus einem sozialen und politischen Brennpunkt war der zuständige Pfarrer nicht zurechtgekommen. Bonhoeffer ließ die Konfirmanden zunächst toben, dann stellte er sich wortlos vor sie an die Wand und begann leise, sehr leise von den schwarzen Jungen in Harlem zu erzählen. Die Konfirmanden konnten nicht anders als zuzuhören und waren bald fasziniert. Allmählich bekam Bonhoeffer engen Kontakt zu diesen in bedrückenden Verhältnissen lebenden Jungen. Er kümmerte sich persönlich um sie, verbrachte Wochenenden mit ihnen, nahm sie in das Ferienhaus der Familie in

---

[2] https://www.dietrich-bonhoeffer.net/leben/kindheit-und-jugend/
[3] https://www.dietrich-bonhoeffer.net/leben/studium/

Friedrichsbrunn im Harz mit und sorgte mit Hilfe der Mutter dafür, dass jeder der Jungen einen Konfirmationsanzug erhielt."[4]

1.1.4 Bonhoeffers Widerstand

„Hans von Dohnanyi, Ehemann von Bonhoeffers zweitältester Schwester Christine, arbeitete unter Admiral Canaris im Amt für Spionageabwehr. Beide gehörten führend zu einer Oppositionsgruppe, die sich um Hilfe für bedrängte Juden und um die Dokumentation der Verbrechen des Nationalsozialismus bemühte und später aktiv auf die Tötung Hitlers hinarbeitete.

In dieser Gruppe liefen viele Fäden des Widerstandes zusammen. Bonhoeffer wurde um 1940 als sogenannter V-Mann (zur besonderen Verwendung) eingestellt und entging dadurch der Gefahr, zum Militärdienst eingezogen zu werden. Offiziell sollte er seine Auslandsbeziehungen für die Spionageabwehr zur Verfügung stellen, in Wirklichkeit aber setzte er sie für den Widerstand ein.

Bonhoeffer reiste für die Abwehr in die Schweiz, nach Norwegen, Schweden und Italien (Rom). Er hatte den Auftrag zu erkunden, wie die Amerikaner und Engländer im Falle eines Putsches reagieren würden. Würden die Kriegshandlungen eingestellt werden? Noch einmal traf er in dieser Mission seinen englischen Freund Bischof Bell in Stockholm, der daraufhin in London alles versuchte, um den deutschen Widerstand zu unterstützen. Bei seiner Regierung fand er aber kein Gehör und keinen Glauben. Eine positive Antwort hätte bei den deutschen Generälen den Entschluss zum Putsch sehr fördern können.

Neben allen politischen und kirchlichen Aufgaben und Aktivitäten im Widerstand gegen das nationalsozialistische Regime blieb es für Bonhoeffer wichtig, theologisch zu arbeiten. Er begann seine Ethik, in der er sich mit Fragen der Verantwortung im politischen und privaten Bereich auseinandersetzte. Das begonnene Buch konnte er jedoch nicht mehr abschließen. Nach Ende des Krieges gab Eberhard Bethge das Werk, so wie er glaubte, dass Bonhoeffer es zusammengestellt hätte, auf Bitten der Eltern Bonhoeffers heraus.

Bonhoeffer schrieb an der Ethik zumeist zu Hause in Berlin, obwohl ihm 1938 ein Aufenthaltsverbot für die Stadt erteilt worden war. Sein Vater hatte jedoch erreicht, dass er seine Eltern in Berlin besuchen durfte, wo er, einzig Unverheirateter unter seinen Geschwistern, sein Zimmer im Elternhaus behalten hatte.

Durch die Nachbarschaft des Ehepaares Schleicher und ihrer vier Kinder gab es immer reges Leben in den beiden Häusern, auch Klaus Bonhoeffer und seine Familie wohnten in der Nähe und kamen oft zu Besuch, wie auch die Familie von Dohnanyi. Das Familienleben in den

---

[4] https://www.dietrich-bonhoeffer.net/leben/entwicklungen/

beiden Häusern, das gemeinsame Musizieren, die Gespräche, der intensive Gedankenaustausch, besonders über die politischen Ereignisse und Entwicklungen – all dies war für alle wichtig in dieser schwierigen und sorgenvollen Zeit."[5]

1.1.5 Seine letzten Jahre und seine Hinrichtung

„Schließlich wurde die konspirative Arbeit Bonhoeffers entdeckt. Am 5. April 1943 verhaftete ihn die Gestapo, und mit ihm Hans von Dohnanyi und dessen Frau. Christine von Dohnanyi konnte nach fünf Wochen das Gefängnis wieder verlassen.

Obwohl Bonhoeffer immer mit einer Verhaftung gerechnet hatte, war für ihn die erste Zeit im Gefängnis sehr hart. Er wurde in einer verschmutzten Zelle isoliert, niemand sprach ein Wort mit ihm. Von den Eltern erhielt er alle zehn Tage Post, die er auch beantworten durfte. Erlaubt war jede Woche ein Wäschepaket, das zusätzlich Nahrungsmittel und Bücher enthalten durfte. Da die Verlobung mit Maria von Wedemeyer zunächst nicht öffentlich war, dauerte es lange, bis ihm erlaubt wurde, ihr zu schreiben und Briefe von ihr zu erhalten.

Dohnanyi und Bonhoeffer waren in verschiedenen Gefängnissen inhaftiert. Bonhoeffer fand im Gefängnis Tegel nach einer Weile freundliche Wärter, die versuchten, ihm das Leben erträglicher zu machen. Der Kommandant des Gefängnisses rief sogar nach schweren Luftangriffen bei den Eltern an, um ihnen zu sagen, dass ihrem Sohn nichts geschehen sei. Auf diese Weise erhielt Bonhoeffer auch oft nach Fliegeralarmen Nachricht von seinen Eltern."[6]

„Am 28. Februar versuchten die Eltern noch einmal, Dietrich in der Prinz-Albrecht-Straße mit einem Brief zu erreichen. Aber schon am 7. Februar war er über Buchenwald und andere Stationen nach Flossenbürg gebracht worden. Die Familie erfuhr nichts. Maria von Wedemeyer suchte ihren Verlobten in verschiedenen Lagern, auch in Flossenbürg, vergeblich.

In der Morgendämmerung des 9. April 1945 wurde Dietrich Bonhoeffer im Lager Flossenbürg erhängt.

Erst im Juli erfuhr die Familie davon. Die Eltern hatten, wie so oft, den englischen Sender BBC eingestellt. Dort lief eine Trauerfeier für Dietrich Bonhoeffer. Dietrichs alte Freunde, der Bischof George Bell von Chichester und Franz Hildebrandt sprachen. Damit war der letzte Hoffnungsschimmer, dass Dietrich Bonhoeffer doch noch zurückkehren könnte, begraben.

---

[5] https://www.dietrich-bonhoeffer.net/leben/widerstand/
[6] https://www.dietrich-bonhoeffer.net/leben/tegel/

Obwohl der Tod der vier Männer für die Familie ein entsetzlicher Verlust war, wusste sie doch, dass ihr Handeln im Widerstand notwendig gewesen war und dass es für sie keinen anderen Weg gegeben hatte."[7]

1.2 Nötiges Fachwissen über das „dunkle Zeitalter" der Kirche

1.2.1 Die Anfänge

„Zunächst stand die katholische Kirche der Ende der zwanziger Jahre erstarkenden Hitler-Bewegung kritisch gegenüber. Als die Nationalsozialistische Deutsche Arbeiterpartei (NSDAP) bei den Reichstagswahlen am 14. September 1930 ihren Anteil an den Wählerstimmen von 2,6 auf 18,3 Prozent erhöhen konnte, sprachen die deutschen Bischöfe erstmals eine deutliche Warnung vor der Partei aus. So wiesen die Oberhirten unter anderem auf das "inhaltsarme" Bekenntnis der NSDAP zum Christentum hin. Zudem kritisierten sie die nationalsozialistischen Auffassungen über Kirche, Staat, Schule, Religion und Rasse als "schief und falsch", ja "zum Teil als dem Christentum entgegengesetzt". Bei dieser ablehnenden Haltung blieb es bis 1933, sie wurde sogar noch verschärft durch das Verbot, als Katholik Mitglied der NSDAP zu werden."[8]

1.2.2 Die Lage nach der Machtübergreifung der Nationalsozialisten

„Nach der Machtübernahme Adolf Hitlers am 30. Januar 1933 jedoch kam die katholische Kirche in eine schwierige Lage. Sie stand nun vor dem Problem, die NSDAP und Hitler als - zunächst - rechtmäßige Vertreter des Staates anzuerkennen und der neuen Regierung den notwendigen staatsbürgerlichen Gehorsam zu zollen.

Erleichtert wurde dieser Schritt durch einige kirchenfreundliche Aussagen Hitlers. In seiner Regierungserklärung vom 23. März 1933 stellte der Reichskanzler den Kirchen weitreichende Zugeständnisse in Aussicht: "Die nationale Regierung sieht in den beiden christlichen Konfessionen wichtigste Faktoren der Erhaltung unseres Volkstums. Sie wird die zwischen ihnen und den Ländern abgeschlossenen Verträge respektieren; ihre Rechte sollen nicht angetastet werden." Diese wohlwollenden Worte Hitlers nahmen die Bischöfe nur fünf Tage später zum Anlass, ihre bisherigen Warnungen vor der NSDAP und deren "Führer" zurückzunehmen. Es sei anzuerkennen, dass Hitler "öffentlich und feierlich" die Unverletzlichkeit der katholischen Glaubenslehre und der Rechte der Kirche zugesichert habe. "Ohne die in unseren früheren Maßnahmen liegende Verurteilung bestimmter religiös-sittlicher Irrtümer aufzuheben, glaubt daher

---

[7] https://www.dietrich-bonhoeffer.net/leben/flossenbuerg/
[8] http://www.katholisch.de/aktuelles/aktuelle-artikel/kreuz-und-hakenkreuz

der Episkopat das Vertrauen hegen zu können, dass die (...) allgemeinen Verbote und Warnungen nicht mehr als notwendig betrachtet zu werden brauchen."

Die nationale Euphorie um die neue Regierung hatte auch einen Großteil der deutschen Bischöfe erfasst, zumal einige von ihnen im Nationalsozialismus einen hilfreichen Verbündeten im Kampf gegen den Bolschewismus und andere Gefahren sahen. Am 8. Juni 1933 legten sie deshalb in einem gemeinsamen Hirtenbrief ein weitgehendes Bekenntnis zum neuen Staat ab. Hitlers ebenfalls in seiner Regierungserklärung vom 23. März geäußerte Bereitschaft, in einem völkerrechtlichen Vertrag mit der Kirche deren Rechte und Wünsche zu verbriefen, ließ die Bischöfe über viele Unannehmlichkeiten hinwegsehen."[9]

1.2.3 Das Reichskonkordat

„Dieser Vertrag - das bereits in den Jahren der Weimarer Republik geplante Reichskonkordat - kam am 20. Juli 1933 zustande und stellte den Höhepunkt der kooperativen Phase zwischen Kirche und NS-Regime dar. Das Konkordat war für beide Seiten von großem Nutzen: Für Hitler bedeutete der Vertrag mit dem Vatikan - einer hohen moralischen Instanz in der Staatengemeinschaft - einen wichtigen außenpolitischen Erfolg; zum ersten Mal erkannte ein anderer Staat sein Regime offiziell an.

Die katholische Kirche wiederum bekam durch das Konkordat die von ihr gewünschte Bestandsgarantie für wichtige kirchliche Rechte und Aufgaben. So garantierte der Staat unter anderem die Freiheit des religiösen Bekenntnisses, den Bestand katholischer Schulen und religiös-karitativer Vereine, den Religionsunterricht sowie die konfessionelle Lehrerbildung. Verboten wurde hingegen jegliche politische Betätigung von Geistlichen in Parteien; außerdem mussten neu eingesetzte Bischöfe einen Treueid auf die Reichsregierung leisten."[10]

„War das Reichskonkordat der Höhepunkt der gegenseitigen Annäherung zwischen NS-Staat und Kirche, machte sich bald nach dessen Abschluss bei den Kirchenvertretern Ernüchterung breit. Es zeigte sich, dass das weltanschaulich ambitionierte Hitler-Regime sich nicht an seine Zusicherungen hielt. Der totalitäre, alle Lebensbereiche umfassende Anspruch des Nationalsozialismus drängte das christliche und religiöse Leben immer mehr ins Abseits.

Bereits im Herbst 1933 stellten die deutschen Bischöfe fest, dass das NS-Regime das Konkordat fortwährend brach. So unterwarfen die Nationalsozialisten die kirchliche Presse einer immer stärkeren Zensur, die Bekenntnisschulen wurden mehr und mehr bedrängt und es

---

[9] http://www.katholisch.de/aktuelles/aktuelle-artikel/kreuz-und-hakenkreuz
[10] Ebd.

entbrannten Auseinandersetzungen zwischen der katholischen Caritas und der nationalsozialistischen Volkswohlfahrt um die Kinder- und Jugendfürsorge."[11]

1.2.4 Papst Pius und seine Enzyklika

„1935 kam ein weiterer Konfliktherd hinzu, als das NS-Regime begann, katholische Geistliche und Ordensleute durch inszenierte Gerichtsverfahren bei den Gläubigen in Misskredit zu bringen. Nachdem die Kirche zwei Jahre lang vergeblich versucht hatte, diese Praxis zu unterbinden, entschloss sich Papst Pius XI. (1922-1939), die Nationalsozialisten öffentlich anzuklagen. In seiner deutschsprachigen Enzyklika "Mit brennender Sorge" kritisierte das Kirchenoberhaupt die Politik Hitlers und griff die Weltanschauung des Nationalsozialismus scharf an.

Nach der Verlesung des Rundschreibens in allen deutschen Gemeinden erreichten die Verfolgungen von Geistlichen einen Höhepunkt. Zahlreiche Pfarrer mussten für ihre Opposition gegen das Regime mit mehrjährigen Haftstrafen und Misshandlungen in Konzentrationslagern bezahlen. Ab 1940 wurden sie in Dachau in einem eigenen "Priesterblock" interniert; insgesamt waren dort bis 1945 mehr als 3.000 Priester und Ordensleute inhaftiert, rund 1.000 von ihnen kamen ums Leben. Der Beginn des Zweiten Weltkriegs im September 1939 brachte zunächst eine gewisse Atempause. Hitler strebte eine Art Burgfrieden mit den Kirchen an, um die Unterstützung für den Krieg an der "Heimatfront" nicht zu gefährden. Allerdings rief das ungefähr zeitgleich mit dem Weltkrieg gestartete "Euthanasie"-Programm - die systematische Ermordung von geistig und körperlich Behinderten - sehr bald erneut deutliche kirchliche Kritik hervor.

Vor allem der münstersche Bischof Clemens August Graf von Galen wandte sich im Juli und August 1941 in drei berühmt gewordenen Predigten gegen das staatliche Morden. Als daraufhin auch in der Bevölkerung die Proteste gegen die "Euthanasie" immer mehr zunahmen, ließ Hitler das Programm am 24. August 1941 offiziell stoppen. Allerdings waren zu diesem Zeitpunkt bereits mehr als 70.000 Menschen umgebracht worden - und im Geheimen ging das Morden weiter."[12]

---

[11] http://www.katholisch.de/aktuelles/aktuelle-artikel/kreuz-und-hakenkreuz.
[12] Ebd.

1.2.5 Arten des Protestes

„Der offene Protest von Galens blieb jedoch die Ausnahme. Ansonsten verhielt sich die Kirche bis zum Ende des Hitler-Regimes weitgehend ruhig - aus Sicht vieler Kritiker zu ruhig. Die Kirchenleitung beschränkte sich darauf, die eigenen Rechtspositionen und den Schutz der Gläubigen zu wahren. Offener Protest oder gar Widerstand gegen das Regime blieb auf einzelne mutige Laien und Priester beschränkt.

Bereits kurz nach Kriegsende gestanden die Bischöfe Fehler ein. In einem Hirtenwort vom 23. August 1945 bescheinigten sie sich zwar, "von Anfang an vor den Irrlehren und Irrwegen des Nationalsozialismus ernsthaft gewarnt" zu haben. Gleichzeitig betonten sie jedoch: "Viele Deutsche, auch aus unseren Reihen, haben sich von den falschen Lehren des Nationalsozialismus betören lassen, sind bei den Verbrechen gegen menschliche Freiheit und menschliche Würde gleichgültig geblieben; viele leisteten durch ihre Haltung den Verbrechen Vorschub, viele sind selber Verbrecher geworden.""[13]

---

[13] http://www.katholisch.de/aktuelles/aktuelle-artikel/kreuz-und-hakenkreuz.

2. Unterrichtsreihenplanung zu Dietrich Bonhoeffer

Im folgenden Abschnitt finden Sie nun meine verbesserte Unterrichtsreihenplanung. In diese sind die Verbesserungsvorschläge der Seminarmitglieder und die Änderungsvorschläge von Herrn X und Herrn X eingegangen.

Thema der Unterrichts-reihe	**„Leben und Glück"** Erschließen und vertreten der persönlichen Urteils- und Meinungsbildung anhand der eigenen religiösen Identität
Lerngruppe	**Sekundarstufe II, Klasse 12 Grundkurs**
Bezug auf den Lehrplan und inhaltlicher Schwerpunkt.	**Inhaltsfeld 5:** Verantwortliches Handeln aus christlicher Motivation. Inhaltlicher Schwerpunkt: Herstellen ethischer Urteilsfähigkeit und Festigung der religiösen Identität.
Ziele der Unterrichtsreihe (Kompetenzerwerb laut Lehrplan)	**Sachkompetenz:** - Die Studierenden erläutern an ausgewählten Beispielen ethische Herausforderungen für Individuum und Gesellschaft und deuten sie als religiös relevante Entscheidungssituationen.[14] - Die Studierenden erläutern Aussagen und Anliegen der katholischen Kirche im Hinblick auf den besonderen Wert und die Würde menschlichen Lebens.[15] **Urteilskompetenz:** - Die Studierenden erörtern die Relevanz biblisch-christlicher Ethik für das individuelle Leben und die gesellschaftliche Praxis (Verantwortung und Engagement für die Achtung der Menschenwürde, für Gerechtigkeit, Frieden und Bewahrung der Schöpfung).[16] **Methodenkompetenz:** - Die Studierenden beschreiben theologische Sachverhalte unter Verwendung relevanter Fachbegriffe (MK1).[17]
Reihenablauf (Themen der Einzelstunden)	**1. UE[18]: „Was bedeutet glücklich sein?"** Mit einer beginnenden Reflexion über Glück sollen die Bedingungen für ein glückliches / geglücktes Leben aufgezeigt werden. **2. UE: „Glücklich trotz Krankheit! – geht das?"** Erörterung der Thematik des Glückes unter Berücksichtigung der Ergebnisse der 1. Unterrichtseinheit. **3. UE: „Glücklich mit Hilfe von anderen – Teil 1"** Es werden mit Hilfe von kontroversen Positionen verschiedene Aspekte der Hilfe von anderen Menschen im Hinblick auf Krankheit erarbeitet.

---

[14] Kernlehrplan für das Abendgymnasium und Kolleg in Nordrhein-Westfalen. Katholische Religionslehre, Seite 39
[15] Ebd.
[16] Ebd.
[17] Ebd., Seite 32
[18] UE bedeutet Unterrichteinheit

4. UE: „Glücklich mit Hilfe von anderen – Teil 2"
Erarbeitung verschiedener Standpunkte im Hinblick auf die eigene Verantwortung im Leben, um andere Menschen glücklich zu machen.

5. Filmvorführung: „Die letzte Stufe"
Medialer Einstieg in das Leben und Wirken Dietrich Bonhoeffers. Es soll besonderes Augenmerk auf eine Filmszene ge-
legt werden. Hierbei ist es für die Lehrperson wichtig zu wis-
sen, dass der Film Nuancen wiedergibt, die nicht belegt sind.

**6. UE: „Dietrich Bonhoeffer und seine Definition von
Glück"**
Anhand des Textes „Von guten Mächten" erarbeiten sich die
Schüler theologische Aspekte des Glücks von Dietrich Bonho-
effer.

3. Einzelstundenplanung

Thema der Unterrichtsstunde: Anhand des Textes „Von guten Mächten" erarbeiten sich die Schüler theologische Aspekte des Glücks von Dietrich Bonhoeffer.

Zielsetzung: Die Schüler setzen durch die gewonnenen Ergebnisse der Unterrichtsstunde ihr eigenes Handeln und ihre eigene Identität in Bezug zur Position Bonhoeffers und erweitern so ihre ethische Handlungskompetenz.

Phase	Unterrichtsgeschehen	SF	Material
Einstieg	Die Schülerinnen und Schüler[19] geben eine kurze Rückmeldung zum in der vorherigen Stunde gezeigten Film.	UG	
Überleitung	Die Lehrperson verteilt den Text „Von guten Mächten" von Dietrich Bonhoeffer und erläutert ihn kurz.		Textblatt
Darstellen der Lernaufgaben	Die Lehrperson erklärt die Aufgaben den SuS	LV	Textblatt, bunte Stifte
Erarbeitungs-phase	Einzelarbeit: Anhand des Textes „Von guten Mächten" arbeiten die SuS Ansätze des Glücks heraus.	EA	Textblatt, Marker, Stifte, Tafel/
	Partnerarbeit: Die SuS machen sich mit Bonhoeffers Verständnis des „Glücks" vertraut, setzen sich mit diesem Verständnis auseinander und nehmen Stellung dazu. Anschließend sollen sie ihre Ergebnisse schriftlich festhalten. Dabei sollen die SuS ihre Notizen zum in der vorherigen Unterrichtseinheit gezeigten Film beachten und miteinbeziehen.	PA	White-board, Papier
	Gruppendiskussion mit der gesamten Klasse: Die SuS reflektieren, ob bzw. inwieweit ein Christ trotz einer Extremsituation in seinem Leben glücklich sein kann und was ihn glücklich machen könnte.	UG	
Präsentation und persönliche Auseinandersetzung	Die Schüler stellen die Ergebnisse der letzten Partnerarbeit vor und begründen diese. Die Ergebnisse werden durch die Lehrperson an der Tafel bzw. Whiteboard festgehalten. Das Tafelbild wird von der Lehrperson fotografisch festgehalten und den Schülern zur Verfügung gestellt.	UG, EA	White-board, Stifte,
Ergebnissiche-rung	Die Schüler sollen, wie in jeder Stunde, die letzten 3 - 4 Minuten dafür nutzen, drei Sätze zu notieren, was sie in der heutigen Stunde gelernt haben.	EA	Stifte, Papier

---

[19] Schülerinnen und Schüler werden im Folgenden mit SuS abgekürzt.

4. Unterrichtsmaterialien

Das nun aufgeführte Unterrichtsmaterial ist exemplarisch auf drei Unterrichtseinheiten bezogen.

In der ersten Unterrichtseinheit wird das Arbeitsblatt „Wie glücklich ist dieser Mensch" verwendet.[20]

In der fünften Unterrichtseinheit wird der Beobachtungsbogen zum Film „Die letzte Stufe" verwendet.[21]

In der sechsten Unterrichtseinheit wird das Arbeitsblatt „Von guten Mächten" verwendet.[22]

Die Folien der Präsentation befinden sich im Anhang 4. Die in der Präsentation zugrunde gelegte Literatur entspricht der gleichen Literatur aus dem fachwissenschaftlichen Teil, dem Teil der Unterrichtsreihenplanung und dem Teil der Einzelstundenplanung.

---

[20] Anhang 1.
[21] Anhang 2.
[22] Anhang 3.

5. Literaturverzeichnis

https://www.dietrich-bonhoeffer.net/leben/herkunft-und-familie/, zuletzt abgerufen am 30.06.2018 um 18.00 Uhr.

https://www.dietrich-bonhoeffer.net/leben/kindheit-und-jugend/, zuletzt abgerufen am 30.06.2018 um 18.00 Uhr.

https://www.dietrich-bonhoeffer.net/leben/studium/, zuletzt abgerufen am 30.06.2018 um 18.00 Uhr.

https://www.dietrich-bonhoeffer.net/leben/entwicklungen/, zuletzt abgerufen am 30.06.2018 um 18.00 Uhr.

https://www.dietrich-bonhoeffer.net/leben/widerstand/, zuletzt abgerufen am 30.06.2018 um 18.00 Uhr.

https://www.dietrich-bonhoeffer.net/leben/tegel/, zuletzt abgerufen am 30.06.2018 um 18.00 Uhr.

https://www.dietrich-bonhoeffer.net/leben/flossenbuerg/, zuletzt abgerufen am 30.06.2018 um 18.00 Uhr.

http://www.katholisch.de/aktuelles/aktuelle-artikel/kreuz-und-hakenkreuz, zuletzt abgerufen am 30.06.2018 um 18.00 Uhr.

http://www.katholisch.de/aktuelles/aktuelle-artikel/kreuz-und-hakenkreuz, zuletzt abgerufen am 30.06.2018 um 18.00 Uhr.

Kernlehrplan für das Abendgymnasium und Kolleg in Nordrhein-Westfalen. Katholische Religionslehre, unter https://www.schulentwicklung.nrw.de/lehrplaene/lehrplan/34/KLP_WbK_KR.pdf, zuletzt abgerufen am 30.06.2018 um 18.00 Uhr.

https://www.ekd.de/Von-guten-Machten-wunderbar-geborgen-11493.htm, zuletzt abgerufen am 30.06.2018 um 18.00 Uhr.

6. Anhang

Anhang 1

Wie glücklich ist dieser Mensch?

Er lebt in Los Angeles.

Er hat 2 Geschwister, eine Zwillingsschwester.

Er hat wohlhabende, gebildete Eltern.

Sein Vater ist Filmstar.

Er ist ein begabter Schüler.

Mit 17 macht er sein Abitur und studiert.

Mit 21 hat er bereits einen Doktortitel erworben.

Beruflich reist er nach Barcelona und New York, hält sich dort länger auf.

Mit 24 wird er Leiter eines großen Startup Unternehmens.

Mit 25 erhält er eine verantwortungsvolle Anstellung in Deutschland.

Er hält öffentlich Reden.

Er verliebt sich und seine Liebe wird erwidert.

Aufgaben:

Aufgabe 1: Analysieren Sie den obenstehenden Text und arbeiten Sie in Partnerarbeit heraus, ob dieser Mensch glücklich ist. Bitte mit Begründung.

Aufgabe 2: Was bedeutet Glück für Sie? Kann man auch glücklich sein, wenn das Leben nicht so geradlinig verläuft?

Bitte verschriftlichen Sie Ihre Antworten.

Anhang 2

Beobachtungsbogen zum Film „Die letzte Stufe"

1. Skizzieren Sie Aspekte des Glücks, die in dem Film aufgezeigt werden.

2. Interpretieren Sie das Verhalten Bonhoeffers an der Stelle, in der Bonhoeffer einen Mithäftling anbietet mit ihm zu beten.

Anhang 3

Aufgaben:

1. Arbeiten Sie aus dem obenstehenden Text „Von guten Mächten" von Dietrich Bonhoeffer Ansätze des Glücks heraus.
2. Erörtern Sie in Partnerarbeit Bonhoeffers Verständnis von Glück und nehmen Sie dazu Stellung. Benutzen Sie hierfür auch ihre Notizen, welche Sie sich zum Film „Die letzte Stufe" gemacht haben.

---

[23] https://www.ekd.de/Von-guten-Machten-wunderbar-geborgen-11493.htm